難過的話我可以把你吃掉

bibi 園長

著

01

這個世界不能沒有我

或許我只是想抱抱你

好累，好想休息一下

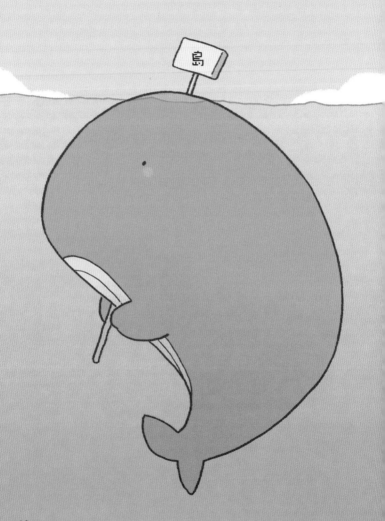

我愛媽媽

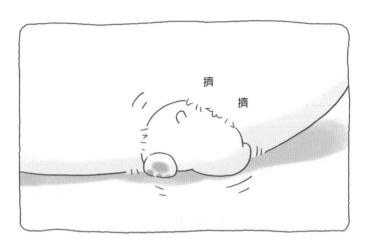

晚安，媽媽。

咦？你不對勁

你怎麼不脫？

不，她是我最愛的人

我的小小自尊心

我想當壞小孩

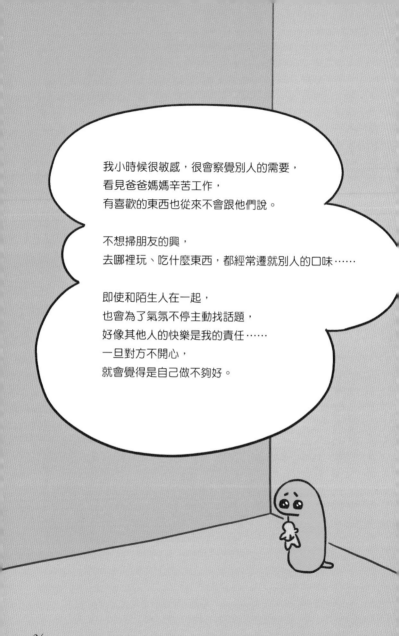

我小時候很敏感，很會察覺別人的需要，
看見爸爸媽媽辛苦工作，
有喜歡的東西也從來不會跟他們說。

不想掃朋友的興，
去哪裡玩、吃什麼東西，都經常遷就別人的口味……

即使和陌生人在一起，
也會為了氣氛不停主動找話題，
好像其他人的快樂是我的責任……
一旦對方不開心，
就會覺得是自己做不夠好。

於是我就成了一個很標準的懂事小孩。

懂得照顧別人也是很了不起的本事啊。

但如果以壓抑和犧牲自己的感受為代價,

懂事不過就是逐漸枯萎的過程。

今天許願的時候,我才意識到,我已經好久沒有按照自己的想法生活了。

那要怎樣才能當個壞小孩?

其實我也不知道……

可能從勇於掃興開始吧。

什麼意思?

意思是,我知道
你現在很想聊天,
但我很睏。

你的陽光來了

奶奶，你在做什麼？

存點雨水，
等晴天的時候幫花澆水。

天晴了

豬吉，你在做什麼？

存點陽光，
等陰天的時候給花曬太陽啊。

聽我的，我很懂

這樣真的有用嗎？

當然，老虎就是這樣曬出花紋的。

這就是純愛嗎

這花好漂亮喔！

送你一束花。

你把我家怎麼了

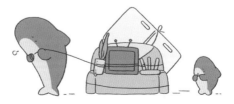

我有錢，但不多

我存了一塊錢，
可不可以買一朵花？

今天是我生日……

給你～

38

你覺得適合嗎？

看起來很美

穿上小裙子

你好會玩

受傷了，好痛

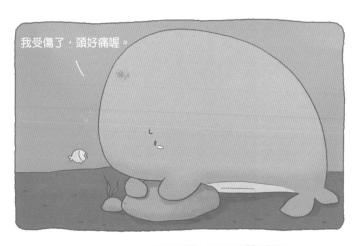

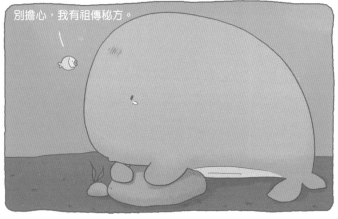

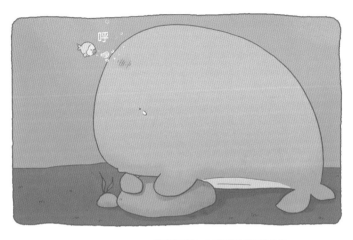

這次換我來試試看！

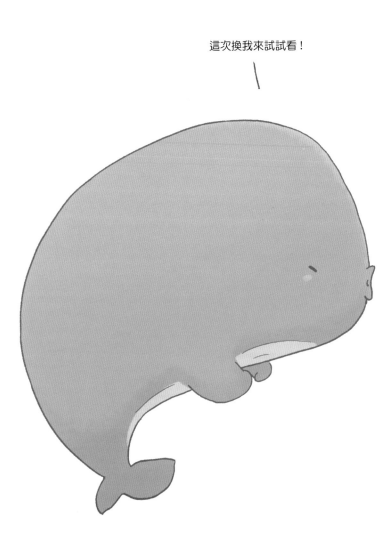

真是拿你一點辦法也沒有

婚禮籌備得怎麼樣了？

我正在為
這件事煩惱呢。

這就是我提到的那位
點子超多的朋友！

真是拿你一點辦法也沒有 2

我舅舅總是
分不出我和我姊。

畢竟你們是雙胞胎嘛。

但我姊長這樣。

真是拿你一點辦法也沒有 3

02

夢想也有打折的時候

打折就好

我吞不下這口氣

明明就在這裡啊，
怎麼不見了？

不然你打我一下

仔仔，對不起，
我不小心弄壞了……

你別哭啊，
你打我出出氣吧……

算了，我還是哭吧，
哭一下就好了。

要遲到了

我沒有貪玩

你有好好寫作業，沒有貪玩吧？

你看我多認真

沒錢吃飯

我以為你會點有肉的。

如果我一個人吃，就點得起肉了。

謝謝。

嗝！

好想重新開始

慘了，阿強好像真的要來投靠我，我自己都沒工作，哪有能力照顧他。

你沒跟他說你的情況嗎？

說了，可是他無所謂。

畢業十年了，他一下子讀書，一下子跳槽，換了四個地方，每次都說：「這次一定會好起來。」

然後過不了多久，就又變回老樣子？

對，你還蠻了解他的。

嗯⋯⋯也不是，只是有一陣子我也是這樣。

覺得拋下一切，換個環境重新開始，日子一定會煥然一新。

那你為什麼不繼續這樣了？

我想，或許住什麼樣的地方、做什麼樣的工作，並不能完全定義我們是誰。

真正決定我們是誰的，是每個人的內心，這是比環境更堅固的東西。

舉個例子？

78

就像我們幾個朋友，當初一起來大城市闖蕩。
淑芬比較活潑，很快就融入，不到一年就如魚得水。

湯姆就比較固執，這麼多年，除了工作地點不一樣，
他的眼界、習慣，還有待人處事的方式，和以前都沒
什麼兩樣。

不同的內心，就像一個個泡泡，把我們和環境分開。

泡泡的材質，決定我們如何接收訊息，
跟什麼樣的人交朋友，過著什麼樣的生活……
看似大家在同一個地方，其實每個人的體驗都千差萬別。

不管從一個地方移動到另一個地方，
還是跳槽升遷……

如果內在的自己沒有變化，
不過是在一個嶄新的地方複製舊有的生活。

81

我出車禍了

你看起來很快樂

好像是有點快樂。

03

一個人也要玩得開心

你說，快樂的祕訣是什麼呢？

這是小蛇絲絲，
她喜歡和朋友們在一起。

一起盪鞦韆，

一起扮家家酒。

天氣好的時候，在天上飛來飛去。

可惜的是，生活中經常會有離別。

絲絲依然喜歡盪鞦韆、

扮家家酒。

心情好的時候，

在天上飛來飛去。

啊嗚

長大後，一個人的時刻會越來越多。

幸好，美好的事物並不會減少。

絲絲的日子還是蠻開心的。

因為她掌握了訣竅。

一個人的時候，也要玩得快樂。

睡一整天

你怎麼整天睡覺，
一起去玩呀～

我不理你了

揶揶揶……

哼，我不理笨蛋哥哥。

沒想到吧

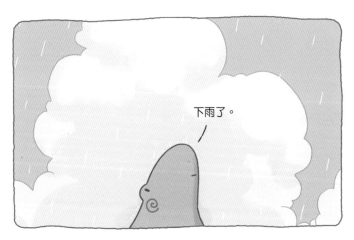

不能溫柔一點嗎？

你又懶又不愛念書，
不會有前途的……

……也不是別人的錯，
有時候也是你太敏感……

……還有，你要勇敢點，
畏畏縮縮沒人會喜歡的……

你在跟誰講電話？

這樣直接的指責，很傷人心的，要溫和一點。

沒有啦。

我是在跟自己說話⋯⋯

那更要溫柔一些吧。

別擔心，我懂你

那送奶粉也不錯吧？

但不知道小嬰兒會不會過敏耶。

也是，唉，養小孩好麻煩⋯⋯

這個一定很適合。

阿珍家

113

你心愛的人真幸福

一定是送給心愛的人吧。

嗯……

他真幸福啊。

你真的真的很不錯

再見

你一定是認錯人了

你在看什麼呀？

你怎麼不出門

你都半個月沒出門了。

因為我發現一個規律。

越接觸別人，我就越容易傷害自己的感受。

上進的同事讓人覺得自己不努力；意氣風發的朋友會讓人覺得自己不夠光鮮亮麗。

逛街，覺得自己好土；參加聯誼，傷心地覺得自己再美一點就好了……

好煩啊，每天接收到的訊息都在說：你的生活還不夠好，做的決定都是錯的。

但與人來往也有快樂，例如你會遇到愛情。

噢，愛情。

愛情就更危險了。

明明對方是很普通的人，
但愛情的濾鏡會讓我們自慚形穢。
為了維繫一段不適合的關係，
不斷犧牲自己的感受，
降低快樂的標準。

我真的覺得，
只有在一個人待著的時候，
才能好好在乎自己的感覺，
不被任何標準影響……

你説誰死了

見到你真高興

最近他們成了好朋友。

Hello!

Hi!

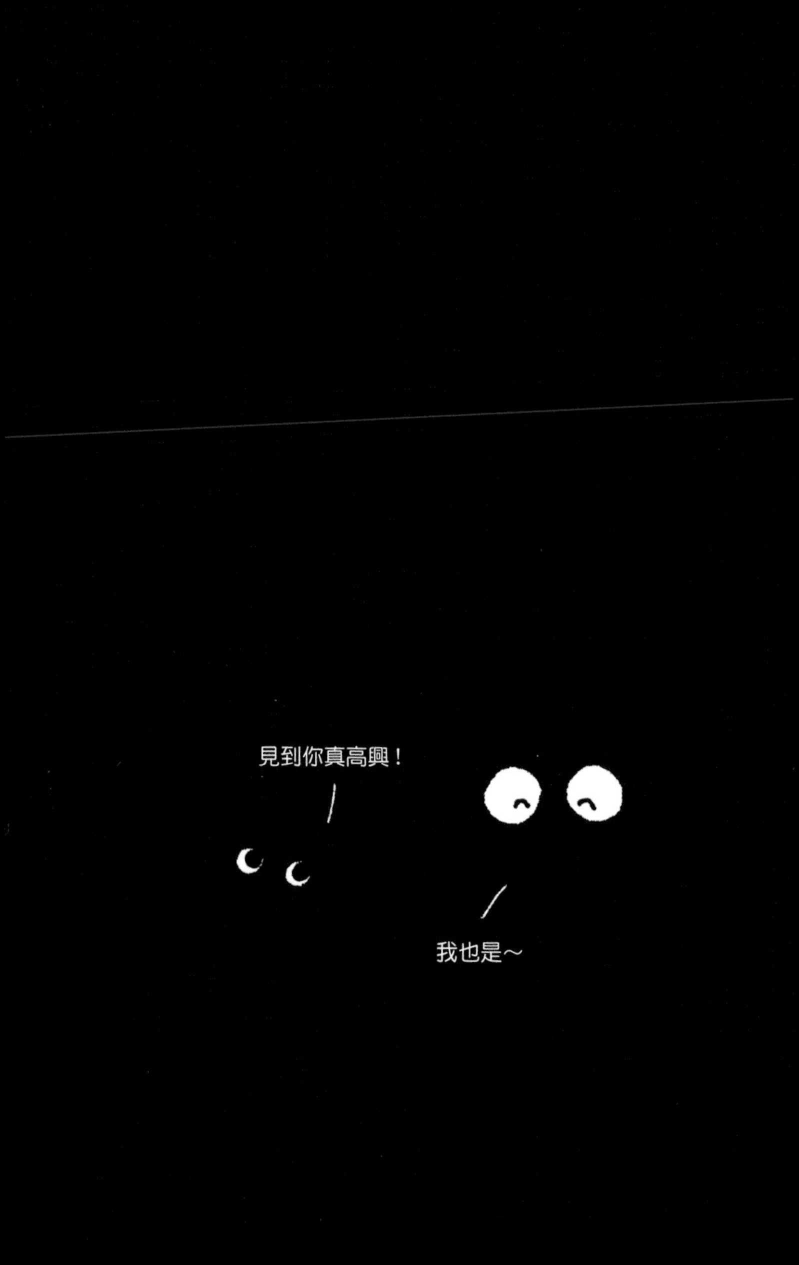
見到你真高興！
我也是～

我先裝睡，看看好運什麼時候來

善意的謊言

137

誰更無聊

別騙我鴨

希望糟糕的回憶都消失

今天穿什麼好

那你今天回爸媽家要穿什麼？

這件最小的？

不。

要穿一件看起來最開心的。

被看穿也沒關係

被看穿也沒關係 2

好睏，我不想起床

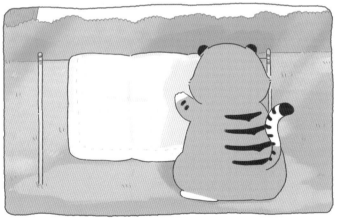

我沒什麼不好意思的

151

你迷信嗎？

你好像對生活有點不滿

你在幹嘛？

我在把爬牆虎的腳整理成同一個方向……

這樣它們才不會到處亂長，纏在一起，最後活成一團亂麻。

你好像對生活有點不滿。

也沒有。

只是偶爾，
我也想遇見幾個
幫我把握方向的人。

或許會過得比現在好。

155

如果我當初堅持

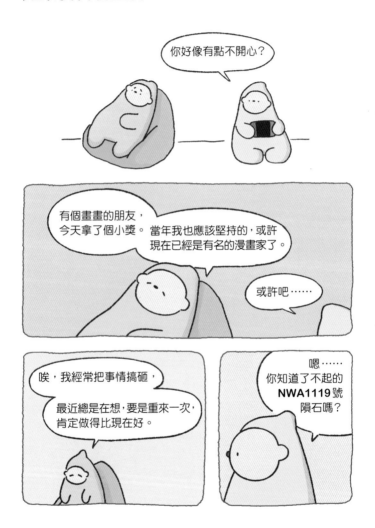

想想看，
如果連地球這種非常罕見，
近乎神蹟的傑作，都早已存在過……

那或許你做夢都想重來的此生，
已經是上天給你的第二次機會了。

你很好，只有你不知道

你怎麼還在家，不去上班嗎？

唉。

不用去了，老闆說我見到客戶不愛說話，也不喝酒應酬⋯⋯嫌我不夠圓融，不要我。

那⋯⋯
去找喬喬
喝杯咖啡？

163

每個缺點的背後，一定有個與之對應的優點。

這種美妙的對稱，你不覺得才是真正的完美嗎？

所以……我還蠻不錯的？

對呀，只是你一直沒有發現。

《難過的話我可以把你吃掉》主創人員名單

策畫統籌
餓發

編劇
劉春超　邊雅晴　夏兵　朱庄

繪畫
張淼　竇瑤　孫昊酋

運營
熊森林　李莉　孫文竹

/ bibi \
動物園

大人國 017

難過的話我可以把你吃掉

作　　　者 —— bibi 園長
副 主 編 —— 朱晏瑭
封面設計 —— 林曉涵
內文設計 —— 林曉涵
校　　　對 —— 朱晏瑭
行銷企劃 —— 蔡雨庭

總 編 輯 —— 梁芳春
董 事 長 —— 趙政岷
出 版 者 —— 時報文化出版企業股份有限公司
　　　　　　108019 臺北市和平西路 3 段 240 號
　　　　　　發 行 專 線 —— (02)23066842
　　　　　　讀者服務專線 —— 0800-231705、(02)2304-7103
　　　　　　讀者服務傳真 —— (02)2304-6858
　　　　　　郵　　　撥 —— 19344724 時報文化出版公司
　　　　　　信　　　箱 —— 10899 臺北華江橋郵局第 99 信箱
時 報 悅 讀 網 —— www.readingtimes.com.tw
電子郵件信箱 —— yoho@readingtimes.com.tw
法律顧問 —— 理律法律事務所 陳長文律師、李念祖律師
印　　　刷 —— 勁達印刷有限公司
初版一刷 —— 2024 年 5 月 10 日
初版二刷 —— 2024 年 6 月 25 日

定　　　價 —— 新臺幣 350 元
（缺頁或破損的書，請寄回更換）

時報文化出版公司成立於 1975 年，並於 1999 年股票上櫃公開
發行，於 2008 年脫離中時集團非屬旺中，以「尊重智慧與創
意的文化事業」為信念。

ISBN 978-626-396-239-2　　Printed in Taiwan